JN438595

아내와 그네

국립중앙도서관 출판시도서목록(CIP)

아내와 그네 : 최창순 시집 / 지은이: 최창순. -- 서울 : 다시올, 2014
p. ; cm. -- (다시올시인선 ; 015)

ISBN 978-89-94414-49-2 03810 : ₩9000

한국 현대시[韓國現代詩]

811.7-KDC5
895.715-DDC21 CIP2014007988

다시올시선 _ 015

아내와 그네

최창순 시집

다시올

■시인의 말■

네가 가는 길, 나와 같아
사모했다
곁에 가고 싶어도
세월에 밀려가지 못하고
짝사랑만 했다

이제 사랑한다는 말 대신
오기傲氣로 널 안아보겠다

2014년 3월
저자 최창순

▪차례

아내와 그네

1부 아내와 그네

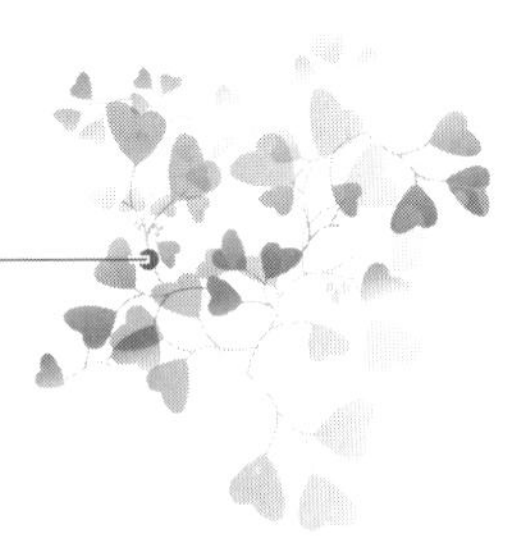

2부 며늘아기

▪차례

아내와 그네

3부

어둠 떨이 불꽃

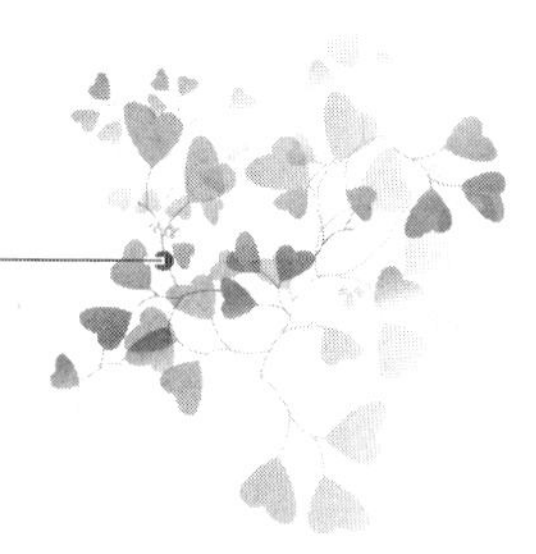

4부

여당과 야당

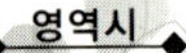

Baby's Cemetery in Omok Valley

Choe Chang-sun

In the deep valley at Dadaeri, Chungun-myon,
dead babies used to be buried in Baby's Cemetery.

The young souls gathered
to build a cemetery of stones.

By the small grave
where baby cries were suppressed
with stones each night,
arrowroots get gross each year.

Where eco-valleys have appeared,
charcoal bath houses, markets,
folk restaurants and bustling people
have chased out the souls.
The homeless souls may be
shivering around the stone stupa and
the shrines over the hills.

When arrowroots bloom
and cuckoo cries come down to the village,
the breast of the mother who has lost her baby
is tinted more purple than azaleas.

오목골애장터

청운면 다대리 깊은 산골짜기
아이가 죽으면 묻었다는 애기골

어린 영혼들 옹기종기 모여
돌무덤이 되었네

밤마다 흘러나오는 애기울음을
돌로 눌러놓은 작은 무덤가
해마다 칡넝쿨이 우거졌네

생태마을이 들어서고
숯가마 찜질방 저잣거리 향토음식점
북적이는 사람들에게 밀려
갈 곳 잃은 영혼들
고개 넘어 돌탑 서낭당에 모여
오들오들 떨고 있을까

칡꽃이 필 무렵
뻐꾸기울음이 마을로 날아오면,

자식 잃은 어미의 가슴은
진달래보다 붉게 물들었네

1부
아내와 그네

손녀딸

파랑새 두 마리
품을 파고들더니
어느새 제 짝 찾아 날아갔네

아침마다 머리맡에서
지저귀더니

단꿈 깨어 보니 둥지만 남았네

어느 날 고요한 빈 둥지에
어린 새 한 마리 배달되었네
27년 전 보았던
그 파랑새를 똑 닮았네

늙은 할미에게 잠시 맡기고 간
어린 새 한 마리
여린 부리로 옷깃 물고 칭얼거리네

혈육

늦은 아침을 먹으려는데
손녀딸이 다급히 부른다

세 살배기
엉거주춤 내 눈치를 살핀다

바짓가랑이 속 한 줌의 똥
손에 묻어도 냄새조차 나지 않는
누런 황금빛이다

텃밭에 묻고
아침상을 받는데 아이 웃음이
까르르 무릎으로 굴러 온다

손 씻고 먹으란다

그 똥이 내 똥
내 똥이 그 똥인데…

해바라기

두 살배기 손녀딸
나만 보면 웃는다

어릴 적
나만 보면 활짝 웃으시던 외할머니,
손녀딸에겐
내가 둥근 해인가

그 둥근 고리 안에서
꼬막 손 흔들며
해 말갛게 웃는다

할아버지 바라기
손녀 바라기

우린 서로에게
해바라기 꽃이다

메아리

마루에 서서 앞산 보고 소리치는
손녀딸

아아– 아–
앙증맞은 입에서 날아간 소리
산자락에 우수수 떨어져

실바람에 졸던 숲의 무릎을 스치고
다시 처마 밑으로 돌아오면,

어린 손녀
고사리손으로 앞산을 가리키며
하빠이* 저 산에 아찌가 살아

언제부턴가
나를 닮은 사내 하나
저 산에 살고 있었다

* 손녀가 할아버지를 부르는 말

색칠공부

할아버지
색칠하는 그림책 사 주세요

말재간이 하도 예뻐
사 주었더니

할아버지
같이 색칠해요

칠순의 할애비
어느새 네 살짜리 친구가 되어
알록달록 색칠하고 있다

예쁜 똥

양평 다대리 산골에 땅을 샀다
방 두 칸짜리 작은 황토집도 지었다
밭 언저리에 간이 화장실도 사다 놓았다

태생이 강원도 농부의 둘째 아들인데
똥 누는 일이 영 시원찮다

반쪽자리 농부가 된 지 아홉 해
농사가 손에 익을 무렵 편하게 볼일을 보게 되었다
그러나 손주들이 오면 화장실은 쓸모가 없다

구세대와 신세대
똥을 누는데도 갈등이 있었다
할 수 없이 거품 나오는 화장실
이백만 원, 거금 주고 샀다

그러나 다섯 살짜리 손녀가 오는 날은
손녀 똥 치우랴 닭똥 치우랴
개똥 치우랴 똥에 묻혀
똥 치우기 바쁘다

닭똥 개똥은 냄새가 나도
손녀 똥은 예쁘기만 하다

연지가 떠나고

며늘아기, 공무원 시험 본다며
손녀딸 연지를 맡기고 친정으로 갔다

그날부터
아내는 우유를 나는 우는 손녀를
업고 달래며 진땀 흘렸다

열이 39.5도씩 올라
말도 못하는 어린것이
등에 얼굴을 묻고 늘어질 때면

둥당게당 둥게둥게 둥기야
앞마당엔 줄 콩 뒷마당엔 검정콩
주렁주렁 열렸는데

어느 것 먼저 따다 우리 연지 줄거나*

자장가 부르며 손녀딸 재울 때면
한밤의 달빛도 녹아내리고

엄마 없이 자란 삼 년
어느 날 엄마 품에 안겨 떠나가던 날
푸르던 하늘이 흐릿흐릿 멀어져 갔다

빈자리엔 키운 정만 담뿍 남았다

* 제주도 민요

아내와 그네

뜰 앞 잔디밭
빈 그네가 바람에 흔들린다

그네 타며 공중에서 반달웃음 짓던
손녀가 눈 속에 잠긴다
웃음소리가 그네를 흔든다

햇빛 머물다 간 오후
마루에 앉아 그네를 바라보는 아내
물끄러미 쳐다보던 눈이 반짝인다

하늘과 땅, 사이에서
무엇을 생각하는지
눈빛이 깊다

아내가 그네에 오른다
그리움 가득 찬 그네가
출렁인다

아내의 못

아내가 여섯 살 때 어머니가
돌아가셨다네

상여가 떠날 때 울다가도
옆집 또래 만나 술래잡기했다던
철부지

어린 여식 두고 떠난 어머니
눈 못 감고 가셨다네

아내는 가슴에 사무치는 못
껴안고 살아왔다네

가슴에 박힌 녹슨 못
세어 보니 예순둘이네

쓴소리

울타리 밑 접시꽃
함박웃음에 취해
뜰에 앉아 막걸리를 마신다

잔디밭 초여름 신록이 싱그럽다

아니 또 술 드셔요?
순간 고요한 행복이
아내의 높은음자리표에 놀라
우수수 떨어진다

접시꽃도
민망한 웃음으로 아내를 바라본다

쓰디쓴 잔소리가 약이 되는
순간이다

아내의 동창생

청운면 다대리 농장
매달 둘째 주, 아내 소꿉친구들
동창생 열한 명이 몰려온다

여주, 춘천, 횡성, 안산, 서울서 온 여인들
아들딸 자랑에 짐 보따리 풀어 놓는다
쌍둥이 엄마는 홀딱 벗고 춤춰도
볼 사람 없어 좋다며 박장대소다
남편 흉보는데 해 가는 줄 모른다

새벽이 오면,
먼 산을 넘어오는 뻐꾸기 소리
한 소쿠리씩 담아 집으로 가는 여인들

가슴에 쌓인 스트레스 한 아름
밭고랑에 풀어놓고 간다.

문득, 갓 씨를 뿌리다가

밭에서 갓 씨를 심다가
막걸리가 생각나 용두리 마트로 갔다

백합처럼 고운 아가씨
보조개가 수줍다

밭두렁에 앉아 막걸리를 따르는데
꽃잎 같은 미소가 둥둥 떠다닌다

이가 시리도록 들이켜고
꽃향기에 취해 비틀거리는 오후

맵고 쌉쌀한 갓 씨를 뿌리다가
문득, 향기로운 백합을 심고 싶었다

금낭화錦囊花

돌밭을 일구던 며느리 주머니
강원도에 살고 있네

유학 보낸 맏아들 발품 팔아 하숙비 주고
품앗이 돈은 쓸개 빠진 둘째 놈 사친 회비 주었네
지아비에게 혼쭐나면서도
줄줄이 매달린 아홉 자식 지극정성 섬겨
시집 장가보내고 나니

붉은 입술 곱던 며느리 주머니
어느새 속이 텅 비었네

아흔 살 할머니 되어 자식에게 받은 이자
손자 손녀 서른두 명
한 줄기에서 뻗어 나온 한 몸이라고
눈에 넣고 안고 업고

늙은 며느리 주머니
복 터진 할미라며 자랑하고 다니네

기일忌日

눈 내리는 동지섣달
조카가 제상 위에 음식을 진설한다

잠시 후 눈 맞으며
창문 열고 들어서는 아버지
먼 길 오시느라 머리에 눈이 수북하다

지그시 웃음 지으며 제상 둘러보는 아버지
어머니 눈물이 맺힌다

한자리에 모인 식구
오랜만에 아버지와 둘러앉아 먹는
조기 고사리 녹두전…

아버지가
음복주 철철 따라 주신다.

삽

거름 냄새도 마다치 않던 삽
삽날이 휘도록 일밖에 모르던 손

진종일 흙과 씨름하다 농투성이로
사랑방에서 잠을 자던 머슴

돌밭에 손톱이 닳고
열 손가락 해지도록 밭을 갈았다

도라지 밭고랑에 거름 뿌리면
망초 냉이 고들빼기 먼저 나와 시식을 하고
늦게 배를 채운산도라지 하얗게 웃으면
덕지덕지 부르튼 손 아랑곳없이
덩달아 손뼉 치며 환하게 웃던 손

머슴처럼 부지런한
삽 한 자루

어느 날,
아버지가 떠나가셨다

사부곡

"오호 오화 어 넘자 너 어넘
쓴 것 먹고 신 것 먹어 몇몇 자손 길렀건만
어느 자식 대신 갈까"

막걸리 한 사발
삼베옷 한 벌 얻어 입고 먼 길 가는 길목
산 밑 뙈기밭 언저리에서
들려오는 저 소리

강 건너 외나무다리 건너
산 밑을 향해 사라지는 소리에
빈 밥그릇 소리 요란하다

아버지 배고파요
해맑은 눈망울들 빈 밥그릇 긁으며 떼를 쓸 때
이빨 빠진 옥수수처럼 웃음 짓던 아버지

옥수수 익어가는 땡볕 속
바람이 불 때마다 휘휘 늘어진 상두꾼 소리

"오호 오 화 어 넘자 너 어넘
저승길이 멀다더니 대문 밖이 저승일세"

맏형님

늙은 소나무 한 그루
바람 불 때마다 걱정 태산이다

굽은 등에 업히고
가녀린 줄기에 매달린 솔방울들
바람에 출렁인다

소쩍, 소쩍
멀리 가신 아버지 오실 것만 같은 날

뒤란에 살구나무 꽃 한창인데,

가깝고도 먼
형님의 한숨 소리

대물림한 근심 한 소쿠리
우수수 발등에 떨어진다

식구

앞마당 코스모스 만발할 때
집으로 온 앳된 간호사 며느리

시아버지 건강 염려하여
혈압약 드시라네

많은 환자 돌보던 손끝으로
갈수록 시들어가는 내 몸의 끝자락을
알뜰살뜰 보살피네

옷 한 벌 못 해준 아내
어려운 살림에도
고추장 간장
장독에 가득가득 채우네

어느새
시어머니 닮아가는 며느리
힘든 삶 다독이며
항아리에 행복 가득히 담네

친구

지난 세월 들춰 보니
까칠한 수염 한창이네

소양강 여울에서 발가숭이 되어
깔깔대던 너
봄 처녀 뒤쫓아 가더니
가을 문턱에 서 있네

높은 산엔 단풍이 내려오고
우리는 노을처럼 서있네

기억의 필름 되돌리면
주름은 하나씩 지워지네

광대

어려서부터 극단을 따라다녔네

광대 모자 쓰고
꽹과리 장단에 맞추어 춤을 추었네

얼굴에는 짙은 분장을 하고
울고 싶어도 웃고 있었네

사람들은 그를 보면 흥에 겨워
손뼉치며 노래했지

장구 북 치고 피리 불며
설움을 토해냈지
길바닥에 글 쓰며 그림 그리는
배고픈 예술가라네

2부
며늘아기

버려진 장갑

한 달 만에 찾아간 시골농장
누군가 다녀갔다

간이화장실 모퉁이
누군가 버린 까만 군인 가죽장갑 한 짝

칸막이 소변 실 주위를 맴돌던
지린내가 장갑에 묻어 있다

늦가을 한두 번 훈련하는 군부대
어느 병사가 버렸을까

문득,
옆을 보니 똥 한 무더기
휴지 대신 사용한 저 장갑
민망한 듯 눈길을 마주치지 못한다

한 사내가 쏟아 버린 다급했던 시간이
증거물로 남아 있다

대나무의 고집

땅속 깊이 터를 잡은
대나무

기초공사 튼실하게 해놓고
사 년 만에 떡잎을 내민다
조급함이 없다

뒤늦게 키를 늘리며
놓쳤던 시간을 따라잡는다
그의 속도를 따라갈 나무는 없다

뿌리가 깊어 하늘로 곧게 뻗는
대나무

바람이 흔들어도 꺾이지 않는다
속을 비우고 눈비 내려도
파랗게 웃음 짓는 유연한 자태

비워야 채움이 있다
참 선禪이다

며늘아기

안산을 떠나
서울에 온 며늘아기
낯설고 마음 설어 떨고 있었지요

바람 불고 눈 내리면
움츠리던 새아기

시부모 다정한 말 한마디 햇살이 되어
어느새 튼실해졌지요

듬뿍 받은 사랑으로 뿌리내리고
가지마다 조랑조랑 꽃망울 맺혀

시집온
일 년 만에 활짝 웃는
우리 집 며늘아기

빈 둥지

딸애가 쓰던 방문을 여니
둥지가 텅 비었습니다

방 안 가득 재잘거리던 웃음 떠난 자리
깃털만 몇 개 남았습니다

피아노 자리엔
아내의 낡은 경대가 서 있습니다

방안 구석구석 청소를 하던 아내
멍하니 서서 쳐다봅니다
딸이 웃던 액자가 사라진 자리
하얗게 흔적이 남았습니다

잠시 머물다 떠나간 둥지에
따스한 온기라도 남아 있을까

아내는 진종일 문을 닫고
무엇을 생각하는지 기척이 없습니다

뭉게구름

아들 며느리는 인천
딸 사위는 태백
나와 아내는 서울에서 산다

같은 땅 한울타리인데
손닿지 않는 곳에서
장난꾸러기 외손주가 뭉게뭉게 피어난다

하늘 아래 첫 동네
태백산 정상
딸 사위 잘살게 해 달라고
천제단 제상에 마음 빌어 올린다

지금쯤 며늘아기 둘째를 가졌을까

오늘은 앞뜰에 나가 하늘에
마음 한 장 띄워야겠다

뭉게구름처럼 소복이 모였다
헤어지는 삶인데

허수아비

개가 짖는다
텃밭이 귀를 쫑긋거린다

먼저 뿌리내리려 발버둥 치던 곡식들
산짐승 발걸음 소리에 질려
얼굴이 노랗다

실바람에도 두 눈 크게 뜬
저 허수아비, 속수무책
보고만 있을 뿐

속내를 아는 멧돼지 새끼들
허수아비 앞에서 만찬을 즐긴다

입이 없는 허수아비
그저 멀뚱멀뚱 바라만 보고 있다

땅, 삼천 평

굴착기가 지나간 자리마다
상처 깊은 산자락 밭
할아버지의 삶 서리서리 맺힌
삼천 평에
우람한 아파트 즐비하게 섰다

자손들에게 물려준 등 굽은 땅
지금은 찬바람에 토역청 냄새뿐
몇 대손 흙냄새 풍기던 논두렁 밭두렁은
반듯하게 포장되었다

가을이면 누렇게 익어가던
벼 이삭과 콩밭 삼천 평이 거느린 많은 생명
아스팔트에 매장되었다

하늘 높은 줄 모르고 치솟는 아파트
이제,
하늘의 영역까지 침범하고 있다

찔레꽃

한파에 숨 고르던 찔레

양지바른 기슭에
새순 돋더니
늘어진 줄기마다 가시를 둘렀다

오뉴월의 향기에
끌려오는 사람들
가시를 세워 접근을 막는다

하지만
벌 나비 찾아오면 제 품을 열어
반갑게 안아 준다

산 귀퉁이
혼자 피었다 지는 찔레꽃

봄볕 살그머니 다가와
살근거린다

봄날

뜰 앞 모서리에
산수유 한 그루 심었다
눈비 맞으며 팔 년을 버텨온 나무

가지마다 아직도 동장군이 남아 있는데
가지마다 꽃망울 들썩거린다
노란 입술마다 봄 내음 가득하다

오목골 계곡 따라 봄바람 내려오면
이제는 외롭지 않다고 톡톡 꽃망울 터트린다

이른 봄
뜰 안 웃음소리 넘친다

봄소식

한겨울 밭에서
숨 쉬는 소리가 들린다

귀 기울이면
개구리의 겨울잠 자는 소리
쑥 달래 냉이 다리 뻗는 소리

그뿐이랴
땅속에 움츠린 풀씨들
봄을 기다리는 소리

자연의 소리는
시기하지도 미워하지도 않고
공생하며 살아간다

사람들 사는 세상에는
언제쯤 봄이 올까?

아차산 달개비

아차산 정상 바위틈에 비틀린 소나무
허리마저 굽었다

초가을 들에서 자라야 할 달개비도 찾아와
그늘에서 꽃을 피웠다
바로 밑
우거진 숲 사이에
온달 장군과 평강공주의 못다 한 사랑이
굳어 바위가 되었다

그들의 넋이 달개비가 되었는가
초가을 파랗게 떨고 있는 꽃

돌 틈을 붙잡고 아차산을 지켜온
늙은 소나무
발아래 달개비 한 무리를 보살피고 있다

동거

닭똥 냄새가 가득 찬
닭장 안 귀퉁이
작은 거미가 둥근 집을 지었다

도시의 아파트도
정원이 딸린 별장도 아니다

그저 내리는 비나 막아 줄
허공에 매달린 초라한 집 한 채

오늘도 닭과 거미는
공생 아닌
동거를 하고 있다

서로 노려보면서
다른 생각을 하고 있다

고향 한 묶음

진부 시냇가 모래사장에
해당화 지천으로 피었지

바람 불 때마다 진분홍 입술로
어서 오라고 웃음 짓던 해당화

평생 고향을 지키던
수일이 응록이 영순이…
그리운 해당화들
어느새 고향의 뒷산에 누워
곤줄박이 쇠박새만 나를 반긴다

진부에 가면
목이 말라 버린 시냇가
아파트만 즐비하지만

사라진 고향 한 묶음 들고 오면
사나흘
고향 베고 편히 자겠지

달밤

해쓱한 초승달이 떠오르면
나뭇잎 이슬에 보름달 같은
그녀의 얼굴이 고인다

소나무 가지 끝에
달빛이 흘러내린다

야윈 저 달이 찰 때까지
얼마를 기다려야 하나

눈동자에 번지는 흐릿한 추억

짝 잃은
뒷산 두견의 울음이
한 방울 두 방울 떨어지는
이 달밤

봄맞이

추읍산 아래 집 대여섯 채
산그늘이 내려와 빈집을 지킨다

봄볕에 파랗게 쑥물 드는 오후

나물 캐러 간 아낙네들
가물가물 들녘에 아지랑이 되는데
마을 입구
이른 봄 뒤쫓아
산수유 꽃망울 활짝 터트린다

봄 나비 한 쌍
들길 따라 산을 넘는데

산 어깨에 걸린 뭉게구름

눈이 부셔
움찔움찔 자리를 뜬다

관악산 풍경

샛길마다 늘어선
등산객 등쌀에 속살 드러난 산
새소리 물소리도 말랐다

발소리 요란한 계곡
나무들 지친 그림자
돌 틈에 누워 신음한다

솔 향기 아득히 사라져 버린
산등성마루
노루 꼬리만큼 해가 걸리면
능선마다 시골 장터같이
벅적대며 둘러앉은 사람들

서둘러 먹다 버린 하산 주에
관악산은 비틀거린다

고로쇠나무

남한산성 서문 사적 제57호
우익 문
수어장대 밑 굴문을 지나
세 갈래 길, 고로쇠나무
등산객들의 눈치를 살피고 있다

뼈에 이롭다는 골리수骨利樹
곰쓸개에 대롱을 박아 피를 빨더니
나무의 수액까지 빼먹는 인간의 식탐에
해마다 피가 마른다

봄이 오면
무릎이 시큰거리는 고로쇠나무
옆구리에 비닐 호스를 꽂고
플라스틱 통에 떨어지는 제 피를
바라보고 서 있다

아차산

고구려 백제 신라의 영혼이 서린 곳

고구려 장수왕 백제 왕성 몽촌토성을 빼앗아
개로왕을 사로잡아 산성 밑에 묻은 아차산

신라 진흥왕이 이곳을 점령하자 진군한 온달 장군도 전사했다

산 중턱에 두 개의 돌 뭉치
신라에 빼앗긴 땅을 찾지 못하면
죽어서도 돌아오지 않겠다던 아차산 중턱
온달장군 불끈 쥔 주먹바위 앞에서
남편의 시신을 거두려고 달려온 평강공주도
돌로 굳었다

슬픈 사랑을 싣고 천 년을 흐르는 한강
가슴 쓸어안고 유유히 흐른다

영화사 대웅전
화살촉에 수장된 군사들
명복을 비는 염불 소리 은은하다

내 가슴 여미지 못하고 합장하는 손
아차 하는 사이,
인생의 절반을 훌쩍 넘었다

촛불시위

한때는 하늘이었다

해를 불러 세상을 밝히라 하고
구름을 불러 비를 뿌리기도 했다

법이라는 이름 아래 굴림 하는 자들

추위에 떨며 배고픔에 목마른
야생화들

제 마음대로 휘두른 방망이가
지겨워

들꽃들 목 촛대에 촛불 들고
함부로 법 방망이 휘두르지 말라고
거리로 나와 하늘을 밝힌다

메마른 땅 짓밟히고 멍들어도
끈질기게 돋아나는
생이 있다

조의弔意

운영난에 허덕이던 시멘트공장
시멘트 가루 허파에 차오르도록
전국을 누비던 친구야

느닷없는 비운에 달려간 병원

이른 봄
새 생명 움트는 소리 가슴 설레는데
너는 장례식장
국화꽃 송이에 묻혀있구나

너와 함께 나누었던 시간
내 맘속 아름다운 꽃으로 피어난다

언제 다시 볼까나?

마지막 가는 길
눈물 어린 꽃 한 송이
네게 바친다

3부

어둠 떨이 불꽃

가을의 끄트머리

가을을 갉아먹는
귀뚜라미 울음소리
밤 깊도록 부뚜막에 쌓이면
누군가 막연히 그리워져

여름 내내
햇빛 먹고 자란 단풍잎
연분홍 글씨로 연서를 써
소슬바람에 띄우네

어디쯤엔가
고개 너머 먼 곳

보고픈 이 올 것만 같아
불현듯, 창문을 여니
들판에 뒹구는 낙엽들

한 뼘이나 가을이 깊었네

산그늘에 앉아

용문산을 오른다

배낭 속 가득
허전한 마음을 채우고
잇자 잇자 어금니를 깨물며
정상으로 오르는 길,

숲은 허리에 안개를 두르고
나는 추억을 허리에 둘렀다
함께 오르던 길을 따라가니
너의 웃음 산 능선에 걸려 있다

은행나무 푸른 그늘에
물소리는 흘러가고
물소리를 따라 내 마음도 흘러간다

산 그림자 밟으며
저물어 가는 마을
저녁 새 한 마리 그리움 물고
고개를 넘어간다

김장배추

늦가을 배추 이파리
찬바람에 몸을 움츠린다

겨울이 다가올수록
겹겹이 옷을 입는다

시퍼렇게 멍드는 잎
몸은 갈수록 불어난다

배를 갈라도 피 한 방울 없다
쓸개도 없이 노랗게 웃는 속고갱이

저 고소한 웃음에 소금을 뿌리다니

그리운 풍경

초가집 처마 밑에 참새들이
둥지 틀고
한집에서 동거하던 시절

수탉의 홰치는 소리
참새들 재잘거림에 날이 밝았다

밀물처럼 몰려오는 아침
썰물같이 달아나는 어둠
하루가 시작되는 농촌은 분주히
풍경화를 그렸다

앵두나무 그늘에 호젓한 초가집
바람 한 점 가지에 걸려
한나절 꾸벅꾸벅 졸고

날 저물면
굴뚝에서 피어오르는 연기는
나무들의 영혼

한줌의 재로
흔적을 남기고 갔다

칡

술독을 해독하고
주눅이 든 간을 보호한답시고

아름다운 꽃향기마저 채취하여
끓여 마시는 사람들

재래시장 한쪽 귀퉁이
뿌리까지 쌓아 놓고
칡의 피를 파는 장사꾼

술독에 빠진 사람들이 몰려온다

오가는 이 없는 깊은 산속
외로이 피었다 지는 보랏빛 웃음

산을 오르는 발소리에
칡꽃은 해마다 피가 마른다

다대리처녀

다대리* 농가로 시집온 열여섯 살 처녀
만삭인 몸으로 감자밭 김매다 허기져
생감자를 먹었답니다

감자의 힘으로 아들딸 낳고
흙에 묻혀 살아 온 지 팔십구 년
감자바위 할머니는
아들을 오빠라 불렀습니다

태어난 집에 데려가 달라고 날마다 칭얼대는 할머니
아들은 치매를 지극히 보살피는 소문난 효자

그렇게 일 년
할머니는 온 산이 소복으로 갈아입던
일월 초 흙으로 돌아갔습니다

아들의 눈에서도 펑펑 함박눈이 쏟아졌습니다

* 다대리 : 양평 청운면에 있는 지명

딸막이할머니

아랫집 사립문이 오늘도 닫혀 있습니다
팔십 노구 뒤뚱뒤뚱 돈벌이 갔나 봅니다
주태백이 바깥양반 술독에 묻고
어린 사남매 키운 할머니,

오두막집에서 칡뿌리로 어렵게 살며
자식들 하나 둘 제 짝 찾아 보내고
한숨 고르나 싶었는데,

큰아들 이혼하고 맏딸은 사고로 죽고
둘째아들 술주정 못 이겨
가출한 며느리, 세 살배기 어린 손주는
할머니 몫이 되었습니다

억장이 무너진 등 굽은 할머니,
텃밭에서 김맬 때면 연신 잡놈들 연놈들
호미로 잡풀에 화를 풀면서
어린손녀 손주 고등학교까지 졸업시켰습니다

청운면 다대리 산골로 들어온 지 육십여 년
알코올 중독인 아들 정신병원 보내 놓고
진종일 날품팔이 갔다 오는 길

가끔씩 농장에 들려 푸념하는 할머니
가슴이 새까맣게 타 버렸습니다

닮은꼴

잠실 파크리오아파트 307동 앞 소나무 다섯 그루
502호 거실 앞까지 올라와 손짓을 한다

허리를 편 늙은 소나무 창문 열어 달란다
반가워 문 열어 주니 솔바람 먼저 들어와
아랫목에 앉는다

일흔 살 자신 노송
굳은살 덕지덕지 낀 손 악수를 청한다
강제로 이주된 아파트 조경수
서울에 오니 밤낮이 없어 잠을 설쳤다며
졸린 눈 비빈다

두메마을 두고 온지 수십 년
깊은 산속 떠나온 다 같은 시골뜨기
애써 등을 펴고 솔향기 한 사발 가득 채워 준다

적송 향기에 취해
고향소식을 권커니 잣거니 가슴이
붉게 달아오른다

어둠 떨이 불꽃

지하 기계실로 내려간다
귀뚜라미 보일러 스위치를 누르자
떨이요 떨이

해질녘 동대문 시장에서 들었던 소리처럼
시끄러운 기계 소리가 불꽃을 피운다

고압가스 자격증을 따려면 화염 치솟는 전쟁터에서
실낱같은 목숨을 지켜내듯
밤이 낮 되도록 불을 지피는 기계통과 씨름해야 한다

파랗게 연소되는 식구들의 목숨을 지키듯
불꽃과 싸워야 한다
바람이 불면 꺼질듯 휘어지다가
다시 살아나는 불꽃이 어둠을 수놓는다

보일러 불꽃을 살리는 지하 기계실
내 팔뚝에도 툭툭 불꽃이 핀다

뿔

저녁나절 염소 우리 안
수컷들의 뿔싸움 한창이었네
발정 난 암컷 독차지하려는
수컷들의 사랑 때문에 동네가 소란했네
뿔에 받힌 저녁이 주춤주춤 물러서는데

우리에 들어선 주인을 향해
눈먼 사랑이 맹수가 되어 달려왔네
돌아서는 순간
성난 뿔이 사내의 복부를 관통했네
사랑은 목숨보다 뜨거웠네

달아오른 뿔에 치받치어
말 한마디 못하고
저승으로 간 사내는 나의 동창생
이름은 이승이었네

총살당한 염소
뿔은 이승에 버리고
주인을 따라 먼 길을 떠나갔네

산속 카페

양수역 맞은편 산속
카페하나

봄이 오면 진달래 붉게 물들고
찾아오는 손님 얼굴도 붉다

이 산중에 오는 커플들은
어떤 부류일까

논둑사이길
사람들 오가다 마주치면
외면하는 다정한 사람들
아무리 봐도 제짝이 아닌 것 같다

밭 한 가운데서 기도하고 있는
교회십자가 민망스럽다

폭염

울타리를 오르던 수세미 넝쿨촉수가 줄을 늘어뜨렸다
하늘 끝까지 오르던 손에 따가운 햇살이 흔적 없이 다가왔다
너만 촉수가 있냐며 호박덩굴손이 기어오르던 손을
멈추고 나무그늘 속에서 명상에 잠겼다
후줄근한 무더위가 한낮을 가로질러 땅위로 엄습하고
집을 뛰쳐나온 땀방울들이 바다로 개울가로 몰려드는 한나절
내 손자 손녀도 물장구치며 송사리와 놀고 있다

해탈解脫

가을이 오면
옷을 벗는 활엽수들

단풍나무 떡갈나무 오동나무
여름내
잎새 곱게 단장하더니

찾아오는 불청객에게
모두 다 벗어주고
빈 몸으로
겨우내 동안거에 든다

무성한 그늘마저 버리고
해탈하는 나무들

탄생

푸른 물결 출렁이는 밭
고랑마다 무성한 콩잎 파동이 인다

콩밭이 햇살을 불러들일 때마다
허기진 콩잎도 따라 살찌고
옷치장도 제각각이다

뜨겁게 한나절을 익히는 햇볕
볕의 기운을 받아 더더욱
튼실해지는 잎새 하늘을 가린다

하늘이 한두 뼘씩 멀어질수록
가까이 다가오는 가을

붉어지는 메뚜기 눈망울 쫓아
가지마다 영그는 열매
매 맞을 준비에 바쁘다

도리깨를 맞아야 옷을 벗는 콩

가을이 분주히 옷을 벗는다

막걸리

농부들 밭갈이
아낙네 김매다 맥이 풀릴 때
새참으로
한사발이면 허기를 면하던 음식

농촌에서 은밀히 담가먹다
단속반이 들이닥치기도 했다

이제는 의젓하게 상표를 달고
슈퍼에 진열된 술
할머니 어머니가 담아 주던
옛 맛은 아니다

흙 묻은 손으로 받아 마시던
텁텁한 막걸리
소를 몰던
할아버지 아버지가 들어 있다

왠지,
눈물어린 곡주가 못내 그리워진다

부처님께 묻다

잠실 파크리오 아파트 66개 동
동 대표 회장선거

인신공격에 공약이 남발하고
질 낮은 패거리들
뒤통수 치고받고
끼리끼리 모여 한판 벌이는 승부

그 자리는 떡고물이 많아서일까
알쏭 달쏭 헷갈려
부처님에게 여쭤보니

이놈아!
돌고 도는 돈

그 욕심 내려놔

왕십리 곱창

명일동 엘지아파트 앞

재래시장 골목 한쪽 귀퉁이
두 세평 되는 허름한 곱창집

해가 기울면
출출할 때 생각나는 집
인심 한 접시 손맛 한 접시
푸짐하게 담아내는 곳

주머니 가벼워도 부담 없는 곳
주방 벽마다 꼼틀거리는 낙서들
서민들 고달픔 곱창볶음에 꽃이 피고
막걸리 잔에 취기가 끓어오르면

세상 근심 걱정 다 비우고 가는 곳
언제나 내 이웃처럼 다정한
왕십리 곱창

가시들의 엄포

햇빛 한 무리 울타리를 붙잡은
장미 가시에 찔렸다

발버둥 치며 떨어지는 햇살이 몸살을 앓는다

온몸에 가시를 세우고 사방을 경계하는
눈빛이 빨갛다
사이로 덤벼드는 벌 나비들
기세도 당당하다

눈을 부릅뜬 여인, 하지만 울타리를 붙잡아야만
설 수 있는 몸이다
엄나무 두릅나무 가시오가피나무 모두 가시로
몸을 감쌌지만 속은 무르다

몸과 뿌리가 약할수록 나무들은
무기를 가지고 있다

모두가 엄포다.

한 장의 달력

마지막 한 장
벽을 붙잡고 세상을 본다

시계 초침 도리질하며
숫자 한둘 지날 때마다
오가는 운세들

잘난 사람 못난 사람
가는 길 모두 다르다

한 해가 저물면
내 이마 깊숙이 골 깊은 이랑 늘어나고
열두 달이 서열대로 늙어
마지막 한 장, 추억은 끄트머리에 모여 있다

시간이 한 장 두 장 넘어갈 때마다
바람이 불고 비가 온다
희로애락이 교차한다

4부
여당과 야당

억새의 강

햇살 포근히 안고
흘러가는 오대천 강가
바람은 억새밭을 뛰어다니고
왜가리는 슬피 울고 있네

어미 찾는 송아지 울음이
해 떨어진 강 언덕을 느릿느릿 넘어오던
그 자리에는 지금도 억새가 피어 은빛인데
옛 시절은 강물 따라 흘러가버리고
바람은 헝클어진 흰머리 빗기고 있네

강물 위에 별 내리면
밤안개는 강 허리를 감고
여울에 떠다니는 이름들
하나하나 불러 보았네

강 건너 삼도 천 넘어 사라진
이름들 부르며
나는 억새 되어
지금 강가에 서 있네

한강의 기적

죽었던 강이 살아났다

장마 지면 물에 잠기는 한강둔치
파릇파릇 새살이 돋는다

어느 날
폭격에 다리는 끊어지고
길은 사방으로 흩어져 몸져눕더니

피로 물든 흔적 강물 따라 흘러가고
물길은 다시 이어졌다

강의 힘찬 심장 소리

철새가 모여 목을 축이고 생명이 태어나고
강은 날로 푸르러 유유히 흐른다
밤에는 별을 낳고
낮에는 해를 낳아
목마른 도시에 수혈한다

세상 사람들, 수혈하는 강을
한강의 기적奇籍이라 했다

제3 한강교를 건너가는 철마
우렁찬 기적汽笛소리
한강이 용트림하며 달리고 있다

나에게 제일 값진 것

밤낮 구분 없이 일하다
조금만 실수해도 뭇매를 맞는 경찰관

그렇게 삼십여 년을 봉사했다
내 책상 속 깊숙이 먼지를 뒤집어쓴
서울시장 경찰청장을 비롯한 많은 상장과 감사패

그중 세 개만 책장 위 모서리에 서 있다
국가를 대신하여 전前대통령이 준
근정포장,
그리고 모범공무원 감사패
또 하나는 동창생들이 준 감사패이다

지금도
책장 위 모서리 근정포장 속에는
근엄한 채찍이 들어있다

감사패에는 주민들의 따뜻한 정이 서려 있고
죽마고우들의 쭈글쭈글한 얼굴이 환하게
웃고 있다

종이 한 장과 감사패
이 세상에서 제일 값진 것들이다

여당과 야당

저녁 티브이를 켜니 뉴스가 나온다
박근혜 대통령이 유럽을 순방한단다
여당은 적절하고 야당은 아니란다

국민이 정치인들보다 더 나라 걱정을 하는 나라
힘없는 국민이 국회의원을 걱정하는 나라
부채 많은 나라와 카드빚이 많아 우울증이 걸린 나라

여당 야당 누구누구는 표를 주지 말아야 했는데
나쁜 놈들 하면, 마누라는 아무리 잘못했어도
놈 字는 쓰지 말란다

우리 집에도 여당 야당이 있다
중국에서 중금속이 많은 황사가 날아온다는데
아내는 굳이 삶은 고추를 뜰에다 넌다고
널지 말라고 해도 고집을 피운다

농장에서
또 한바탕 고성이 오가다
혼자 서울 집으로 돌아가는 길
아무래도 이 싸움 길어질 것 같다

나는 여당 아내는 야당

죽마고우

하늘 아래
들판에서
너와 내가 하나라고
땅을 누비던

그렇구나
우리가 만나 사귄 정
둘이겠는가

어릴 때 만남
평생 못 잊는다더니
그게 뜻이었구나

동서남북에서 모인
영원한 벗들

어젯밤에도
꿈속에서 만난 조무래기들
어느 틈에 머리에 서리가 왔네

새벽 마라톤

이른 새벽 거친 숨소리가
자욱한 안개를 가로지른다

한강둔치
발등으로 떨어지는 스트레스,

운동은 자신과의 싸움이다
기도이다
달릴수록 가벼워지는 몸
비워야 청아한 소리가 나는
악기가 된다

내 욕망을 위해
쉼 없이 달려온 세월

무거운 욕심을 땀으로 태우는
마라톤
이때는 무심이 된다

해탈에 닿으려면
얼마나 더 달려야 하나?

복사꽃 친구

소양강 돌 틈 사이로 복사꽃 피면
깊은 잠에 빠졌던 봉의산*이
기지개 켠다

비단결 소슬바람 댕기 머리 날리고
봉의산 줄기마다 복사 꽃망울
새하얀 봄밤 토해 놓는다

발가벗고 뛰놀았던 소양강 여울
반짝반짝 쉬리가
밤하늘 별을 부른다

친구야
우리 함께 저 강 저 산으로 가자

강물에 복사 꽃잎 뚝 뚝 지는 날
꽃나무 아래 돗자리 펴고
깊은 주름 성긴 머리카락 구름 위로
날려 보내자

술잔 위에 해롱거리는
꽃잎을 세다 보니
술잔에 잠긴
너 초롱초롱 별이구나

우리는 아직 시들지 않는 봉의산
복사꽃이다

*춘천에 있는 산 이름

면장감

동쪽 산을 넘는 뭉게구름 따라가면
할아버지 만날 수 있을까

저녁나절이면
소 여물 끓이는 아궁이 앞에 앉아
불 쬐던 다섯 살배기 손주

심술부리면 어머니가 회초리를 들고
달려오고
할아버지는 얼른 나를 등에 업었다

면장감이다
면장감이라고 하면서 마당으로 나가셨다는
할아버지

할아버지 소원대로 면장은 못 되었지만
파출소 소장은 되었다

내 손주를 등에 업으면, 생각한다
면장보다 파출소장보다
더 높은 인물이 되라고

살아있는 동안

파도는 슬픔을 달래려 모래톱으로
달리고 달려간다

갈수록 늘어나는 공허한 심정
모른 체 오늘을 산다

슬퍼하지 말라

봄이 오면 겨우내 껴입었던
우울증 떨치려 나무들은
새순을 틔운다
허기진 까치도 배고픔 달래려
나무에 오른다

하지만
어디쯤 가야 태생의 고통을 잊을까

평생 쌓은 탑은
어느 순간 허물어지는데
사람들은 오늘도 탑을 쌓는다

지갑

양복 안주머니는 늘 어둡다
캄캄한 어둠 속에 작은 다세대 한 채

안방에는 신사임당 여사가 살고
윗방에는 세종대왕 님
사랑방에는 이이 선생님
문간방에는 이황 선생님
주인은 행랑채에 산다

맨 위층에 사는 신사임당 여사는
어디로 출타 중인지 연락이 없고
제일 아래층에 사는 이황 선생님만
혼자 빈방을 지키고 있다

누구 손을 거쳐 왔는지 매달 말일이면
잠깐 얼굴 비쳤다가 아무리 붙잡아도
어디로 가는지 지갑이 홀쭉하다

먼 이웃

세계를 넘보며 소녀들을 끌고 가
욕辱보인 나라

대한해협을 건너오지 못하고
타국의 중천을 헤매는 늙은 소녀들

휠체어에 앉아 태극기를 흔든다

삼단 같은 머리는
백발이 되고
누구도 그 얼굴 알아보지 못한다

속죄를 모르고 망언을 일삼는
제일 가까운 듯 가장 먼 나라,
일본

세계가 웃고 있다

낡은 장화 한 켤레

네다섯 평 되는 가게
가지런히 앉아서 새 주인을
기다리는 구두, 장화들…

해마다 유행으로 옷을 갈아입고
더러는 바깥 좌판에 널브러져 있다
도롯가에서 뭇 소음에 몸살을 앓고 있다

나도 기억의 자물쇠를 열지 못해
정형외과병원을 찾았다
"족적근막염이니 푹신한 신발을 신으세요"

신발?
불현듯, 떠오르는 장화 한 켤레
녹슨 자물쇠가 삐걱대며 눈을 떴다

기억에 앉은 먼지를 털어 내고
신발장 문을 열었다
어둠 속에 갇힌 채 긴 세월에 잠든
장화 한 켤레,
몸은 쭈그러지고 뭉그러졌다

도로변 구두병원에 입원시켰다

삼십 육 년 만에 기억을 되찾은
오래된 털 장화
감금죄가 풀린다
족적근막염*이 한결 부드럽다

* 족적근막염 : 행정 순화 용어로 발자취 근막염이나 발자국 근막염으로 순화해서 사용해야 하는 단어.

높은 분들의 식사법

– 한보 사태를 보면서

억億억億대며 먹어도
체하지 않는 사람들

법망을 손에 든 시각쟁애인들은
문고리만 잡고 있어

목은 금으로 감아
교수형도 못 처하고
가슴은 철판 깔아
총살도 못 한다네

오장육부 창고마다
쌓인 뇌물들

이 세상 국민들은
그들을 알고 있다네

1997년 2. 15.
–경찰학교에서

공짜 표 손님들

전철을 탈 때마다
젊은이보다 노인이 더 많다

자리하지 않는다고 청년의 아래위를
훑어보는 어르신들
표정이 험하다

출퇴근 시간 때
피곤한 모습으로 서 있는 샐러리맨들
잠은 쏟아지고 좀처럼 자리는 나지 않는다

손잡이에 매달려 가는 도시의 젊은이들,

전철 안
노인들 천국이다

모정母情

탯줄로 이은 정
끈끈하게 서로 묶고
사랑을 키웠지

한 해 두 해 지날수록
깊은 은혜 사무치는데

육순 넘어
아들 등짐 되어 산속으로
업혀 가던 고려장

노모는 모르는 척
미소 지며 한 마디

산길 헤매지 말고 조심해서
내려가거라
내 생각 아예 말아라

* 고대 한국에서 노인을 버렸다는 고려장 이야기는 문헌에 없다

현대판 고려장高麗葬

지하방에서 근근이
목숨을 이어가는 노인들

봉사원이 배달하는
한 끼 도시락에 명命을 걸었네

자식들 뒷바라지에
남은 것은 지병과 외로움

정신 놓아 버린 부모
요양병원 보내 놓고
다달이 가는 걸음 일 년에 한 번이네

행여나 오늘 자식이 찾아올까
노인들 목을 뽑고 기다리네

쪽파

재래시장에 늘어선
원기회복에 좋다는 쪽파
싸구려 몸값이다

마늘 부추 달래 생강과 함께
절에선 금기로 여기는
오신채

쪽파를 다듬은 손톱에
흙물이 들었다

쪽 팔릴까? 말은 안 해도
정력에 좋은 쪽파

저녁밥 상이 매운 기운으로
뜨겁게 달아오른다

원앙鴛鴦이 되어라

하늘땅 품 안에서 놀던 새 한 마리
짝을 찾아 날아가려 하네

노랑 주둥이 털갈이하고
날갯짓하네

제 짝 찾아 떠나려는 새
힘차게 날아가라

아플 때 함께 하고 비가 올 때는
우산이 되고
서로 어깨가 되어
한 길을 가거라

두 사람 한 몸 되려니
넓은 초원 속에 원앙이 되어라

논현동 밤 0시

논현동 뒷골목
잠자던 가로등이 실눈을 뜨면
늘어선 카페들 기지개를 켠다

골목마다 바쁘게 문 여닫는 틈새로
장미넝쿨 줄줄이 뻗어 나간다

밤에 피는 장미들
미니스커트 갈아입고 꽃망울 터트리면
지하에 숨어 있던 벌 나비 떼
이 골목 저 골목 자리싸움에
담장 밑 찢어진 날개 수북하다

해가 지면 취객들보다
먼저 비틀거리는 골목

논현동 밤 0시
어둠을 가르는 호루라기 소리
요란하게 날아간다
벌 나비 떼 혼비백산 흩어진다

동트는 새벽이 올 때까지
잠 못 드는 골목, 가로등이
이 골목 저 골목 순찰을 한다

작품해설 _ 마경덕

측은지심惻隱之心의 뿌리와 역동성

측은지심惻隱之心의 뿌리와 역동성

최창순 시집 「아내와 그네」서평

마경덕(시인)

행복을 습관으로 가진 사람은 누가 뭐라고 하든, 어떤 일이 벌어지든 감사와 행복을 느끼며 살아가지만, 불행을 습관으로 가진 사람은 외적인 조건이나 환경과 관계없이 늘 피해의식과 이기심을 갖게 되어 스스로 불행해진다고 한다. 전자는 자신이 처한 환경을 뛰어넘었고 후자는 당면한 환경에 사로잡혔다고 볼 수 있다. 누구나 자신만의 한계가 있다. 습관에 갇히면 이것을 뛰어넘기란 쉽지 않다. 같은 조건이라도 긍정과 부정, 선택한 쪽의 기울기에 따라 결과는 달라진다. 환경을 초월하는 힘이 곧 행복을 키우는 힘이다. 이렇듯 행복이라는 좋은 습관은 마음가짐에 달려있다. 작품은 작가와 독자가 만나는 장소이다. 독자는 단어와 문장을 통해 시인을 대면한다. 시인이 발견한 이미지를 통해 자신을 돌아보고 어떤 사실이나 가치를 새롭게 깨닫고 동참하는 것이다. 그때 독자의 안목으로 시는 '활기' 를 얻고 '생명' 을 얻는다. 시인에게 시는 발견이며, 독자에겐 새로 시작되는 '개인의 탐험' 이라고 할 수 있다. 시인이 독자에게 미치는 영향으로 작품은 재창

조되는 것이다. 최창순 시인은 행복을 습관으로 가진 사람이다. 마음으로부터 기분이 좋아지는 '기쁨' 은 사소한 일상에서 발견된다. '기쁨' 은 감정과 주관이 포함된 개인의 직관이기에 조건과 환경은 그다지 중요하지 않다. 퇴직 후 경기도 양평군 다대리 산골로 귀촌해서 방 두 칸짜리 황토집을 짓고 텃밭을 일구며 살고 있는 시인의 얼굴이 해맑다. 자연이나 이웃이 시와 뒤섞여 구체적인 진술로 표출되고 아름다운 삶의 무늬를 만들어내는 시인의 품이 따뜻하기 때문이다. 현시대가 복잡다단해지면서 시도 함께 난해하게 변형되고 단순한 일상을 소재로 생활을 기록한 시들이 폄하되고 있는 현실이지만 굳이 타인의 몸짓을 흉내 낼 필요가 있을까. 최창순 시인은 시류에 편승하지 않고 자신의 목소리로 시의 세계를 구축하고 있다. 가파른 시적 행간에서도 여유를 찾을 수 있는 것은 시인이 오래 쌓아온 연륜이며 급변하는 세상에서 한 걸음 느리게 살아온 삶의 방법이다. 최창순의 시적 성향은 '측은지심' 이다. 과잉과 결핍의 시대, 폭발 직전의 난폭하고 불온한 냄새마저 시인의 손을 거치면 정화되고 평온해진다. 그러나 시선이 도시로 옮겨지면 시의 촉이 예리하게 반응한다. 시인은 '민중의 지팡이' 로 젊음을 소진했다. 경찰이라는 근엄한 제복을 입고 밤낮없이 세상의 어둠을 쫓아다닌 것이다. 도시의 음지에서 만난 절망과 소외감, 범죄를 추격하는 팽팽한 긴장감, 시대와 개인의 불행을 몸으로 체험한 시인의 날카로운 시선은 삶의 내면을 응시하고 그늘진 구석구석에 초점을 맞춘다. 긴장감 속의 평안함, 부드러움 속의 날카로움, 시인은 두 개의 색채를 띠고 있다.

서로 이질적 요소를 지닌 두 요소들이 공존하기 위해 팽팽한 균형을 이루고 있다.

늦은 아침을 먹으려는데
손녀딸이 다급히 부른다

세 살배기
엉거주춤 내 눈치를 살핀다

바짓가랑이 속 한줌의 똥
손에 묻어도 냄새조차나지 않는
누런 황금빛이다

텃밭에 묻고
아침상을 받는데 아이의 웃음이
까르르 무릎으로 굴러온다

손 씻고 먹으란다

그 똥이 내 똥
내 똥이 그 똥인데…

—「혈육」전문

갓난아이가 똥오줌을 가리기까지는 적잖은 시간과 수고가 필요하다. 냄새 나는 똥을 좋아할 사람은 없다. 하지만 부모는 기저귀를 갈아주면서도 마냥 행복해한다. 그저 잘 먹고 잘 싸는 것이 큰 기쁨이다. 이때 '똥'은 '오물'이 아닌 소중한 '분신'으로 바뀐다. 손에 묻은 오물마저 개의치 않는 자식을 향한 사랑의 힘이다. '사랑'은 같은 핏줄일 때 가장 큰 힘을 지닌다. 세상엔 '예쁜 똥'도 있다. 시인에게 어린 손녀의 누런 똥은 세상에서 가장 '예쁜 똥'이다. 피를 이어받은 끈끈한 혈육의 힘, '너'와 '나'가 한 몸인 무조건의 사랑이다. 아낌없이 주어도 다시 재생

되는 사랑, 손녀에게 쏟아 붓는 사랑도 '배설행위'와 다를 바가 없다. 삼대로 이어진 혈연관계는 지금 원활하게 '소통' 중이다. 시인은 모티프가 되는 '똥'을 통해 치부를 드러내는 허물없는 사이, 혈육으로 밀착된 두 사람의 관계를 보여준다.「혈육」「예쁜 똥」은 '똥'을 통해 '내리사랑'을 잘 보여주고 있다. 시집의 표제시인「아내와 그네」에서도 그네를 타며 공중에서 반달웃음 짓던 손녀를 향한 극진한 사랑을 고백하고 있다.

한 달 만에 찾아간 시골농장
누군가 다녀갔다

간이화장실 모퉁이
누군가 버린 까만 군인 가죽장갑 한 짝
칸막이 소변 실 주위를 맴돌던
지린내가 장갑에 묻어있다

늦가을 한두 번 훈련하는 군부대
어느 병사가 버렸을까

문득, 옆을 보니 똥 한 무더기
누군가 휴지대신 사용한 저 장갑
민망한 듯 눈길을 마주치지 못한다

한 사내가 쏟아버린 다급했던 시간이
증거물로 남아있다

–「버려진 장갑」전문

사람의 몸엔 입구와 출구가 있다. 입에서 항문까지 이어진 몸의 길은 터널과 같아서 식욕과 배설이 균형을 이루지 않으면 탈이 난다. 우리는 날마다 섭취해야하는 음식에서 필요한 에너지를 얻는다. 장은 영양과 수분을 흡

수하고 불필요한 찌꺼기를 몸 밖으로 내보낸다. 몸이 공장이라면 똥은 제품인 셈이다. 구불구불 몸의 길을 통과한 '똥'은 장의 건강상태를 알 수 있는 바로미터이다. 공장이 잘 돌아가는지는 똥의 완성도를 보면 알 수 있다고 한다.

한 달 만에 찾아간 시골농장 간이화장실 모퉁이에서 발견한 군인 가죽장갑 한 짝은 누군가의 다급했던 흔적이다. 부재중 누군가 다녀간 자리, 어쩔 수 없는 선택 앞에 가죽장갑은 최선의 방법이었다. 버려진 가죽 장갑 한 짝은 버려진 누군가의 시간이다.「버려진 장갑」은 더 이상 제 기능을 할 수 없는 '버림받은' 사물을 통해 하릴없이 버려지는 것들의 '쓸쓸함'을 그려내고 있다. 우리에겐 '참아야하는 시간'과 '참을 수 없는 시간', '버려야하는 입장'과 '버림을 받을 처지'가 또 기다리고 있을 것이다. 배설 또한 '버려지는' 방법으로 이쪽과 저편의 경계를 넘어 어디론가 사라지는 것이다.

닭똥냄새가 가득 찬
닭장 안 귀퉁이
작은 거미가 둥근 집을 지었다

도시의 아파트도
정원이 딸린 별장도 아니다

그저 내리는 비나 막아줄
허공에 매달린 초라한 집 한 채

오늘도 닭과 거미는
공생 아닌
동거를 하고 있다

서로 노려보면서
다른 생각을 하고 있다

—「동거」 전문

「동거」는 종種이 다른 닭과 거미의 불안한 동거를 통해 같은 침상寢床에서 서로 다른 꿈을 꾼다는 동상이몽同床異夢을 보여준다. 생존을 위해 닭똥냄새가 진동하는 '닭의 집'에 거처를 마련한 거미는 약자의 위치에서 닭의 눈치를 살펴야한다. 닭은 날카로운 부리와 발톱이 있지만 거미에겐 거미줄뿐이다. 질긴 거미줄로도 닭을 잡을 수는 없다. 세상은 강자보다는 약자가 훨씬 많지만 "소수의 강자"가 "대다수의 약자"를 지배하고 있다. 악취마저 견뎌야 무허가의 보금자리를 지킬 수 있는 위험한 생, 거미에겐 냄새보다도 거미줄에 달라붙는 비가 더 무서운 천적이다. 약자에겐 아무 것도 아닌 것마저 위협이 되는 법, 인간이 사는 법도 이와 비슷하다. '불신'의 '관계'를 유지하며 '목숨'을 부지하는 '관계'는 또 얼마나 많은 것인가. 포기하고 절망하며 살아가는 '거미 부부'들, 거미줄처럼 엉킨 '인연'이라는 이름으로 오늘도 한 지붕 아래 동거중이다.

땅속 깊이 터를 잡은
대나무

기초공사 튼실하게 해놓고
사 년 만에 떡잎을 내민다
조급함이 없다

뒤늦게 키를 늘리며
놓쳤던 시간을 따라 잡는다
그의 속도를 따라갈 나무는 없다

뿌리가 깊어 하늘로 곧게 뻗는
대나무

바람이 흔들어도 꺾이지 않는다
속을 비우고
눈비 내려도 파랗게 웃음 짓는 유연한 자태

비워야 채움이 있다
참 선(禪)이다

—「대나무의 고집」전문

대밭竹林은 중국의 '죽림칠현竹林七賢'의 고사에서 유래되어 문학작품 속에서 흔히 '은거지隱居地'의 뜻으로 쓰인다. 2차 대전 히로시마 원폭 피해에서 유일하게 살아남은 나무는 대나무였다니 가히 생존력이 놀랍다. 인간이 지진에 대비해 지진의 파동이나 진동을 계산해서 건물을 올리듯 대나무도 바람과 맞서지 않고 바람의 방향대로 움직인다. '순응'이 곧 '생존'이다. 뒤늦게 출발해서 앞지르는 대나무, 죽순은 하루 동안에 1m까지 자라기도 한다. 우후죽순雨後竹筍은 대나무의 '번식'과 '속도'를 증명하는 말이다. 키가 큰 나무는 뿌리도 깊다. 그만큼 바람의 저항을 많이 받기 때문이다. 대나무도 훤칠한 키를 유지하기 위해 기초공사를 튼튼히 한다. 무려 4년의 공사를 끝내고 잎을 내민다니 대나무는 훌륭한 건축가가 아닌가. 스스로 "진폭의 공법"을 터득한 것이다. "칸칸의 방"이 대나무의 '뼈'를 이루고 높이 허공을 딛고 오른다. 무리를 지어 바람을 부르고 바람을 가지고 논다. 성대를 건드려주는 바람이 있어야만 대숲은 목소리를 낼 수 있다. 바람이 흔들어도 꺾이지 않는 '유연성'이 "대나무의 힘"이다. 올곧은

선비처럼 대나무는 기개를 뽐내며 고집스럽게 키를 높인다.

햇빛 한 무리 울타리를 붙잡은
장미 가시에 찔렸다

발버둥 치며 떨어지는 햇살이 몸살을 앓는다

온몸에 가시를 세우고 사방을 경계하는
눈빛이 빨갛다
사이로 덤벼드는 벌 나비들
기세도 당당하다

눈을 부릅뜬 여인, 하지만 울타리를 붙잡아야만
설 수 있는 몸이다
엄나무 두릅나무 가시오가피나무 모두 가시로
몸을 감쌌지만 속은 무르다

몸과 뿌리가 약할수록 나무들은
무기를 가지고 있다

모두가 엄포다

—「가시들의 엄포」 전문

사물과의 교류는 시인에게 필수이다. 시인은 사물의 특징을 읽어내고 생각을 접목한다. 사물이 숨겨둔 의도와 그것을 파헤치려는 시선이 부딪치며 '가시'는 다시 태어났다. 「가시들의 엄포」는 흔한 소재를 새로운 시선으로 접근한 작품이다. 시인은 가시에 찔리는 햇빛을 보았다. 시인의 촉이 얼마나 섬세한지 드러나는 순간이다. 날카로운 예각으로 정곡을 찌를 때 독자는 시적 감흥을 느낀다. 자신만의 색채감으로 시적호흡을 유도한 시인은 기존 시법에 독창성을 접목하였다. 기존의 범위에서 벗어나지 않고 익숙함에 창의성을 덧입혀 무뎌진 '둔각'을 "날카로운 예각"으로 바꾸어 놓은 것이다. 천하의 아름다움도 붙잡을 곳이 없다면 무슨 소용이랴. 어느 시인은 화병이 들면 엄나무 생가시를 가마솥에 삶아 마시라고 했다. 세상에 찔려 죽을 만큼 아플 때는 가시가 곪은 상처 터트려 주는 명약이라 하였다. '가시'는 '공격'보다는 적으로부터 자신을 방어하는 "보호의 목적"이 더 크다. 그런 것들은 대부분 속이 무르다고 하니 곧추세운 가시는 "다가오지 말라"는 '엄포'인 것이다. 향기와 사나운 가시를 기르는 장미, 꽃은 버릴지언정 가시는 버리지 않는다.

술독을 해독하고
주눅이 든 간을 보호한답시고

아름다운 꽃향기마저 채취하여
끓여 마시는 사람들

재래시장 한쪽 귀퉁이
뿌리까지 쌓아놓고
칡의 피를 파는 장사꾼

술독에 빠진 사람들이 몰려온다

오가는 이 없는 깊은 산 속
외로이 피었다 지는 보랏빛 웃음

산을 오르는 발소리에
칡꽃은 해마다 피가 마른다

－「칡」 전문

무엇이든 휘감고 오르는 칡덩굴, 추위에 강해 얼어 죽지 않고 매년 뿌리는 굵어진다. 양지바른 산자락이나 야

트막한 언덕에 무성하게 자라 8월에 잎겨드랑이에서 홍자색 꽃이 핀다. 콩과인 등나무와 사촌이라 꽃도 비슷하고 향기도 좋다. 간을 보호하고 숙취에 좋다는 칡꽃, "시들어가는 피"를 살려보겠다고 "남의 피"를 찾아다니는 사람들이 해마다 산을 오른다. 불안에 노출된 칡꽃은 피가 마른다. 시인은 '꽃'이라는 자연적 서정을 빌려와 삶의 힘겨운 여정을 대변한다. 아름다운 향기의 내면에는 "불안한 삶"이 도사리고 있다. 건강을 지키기 위해 사람들은 무언가를 찾아다니지만 '불안'은 '소멸'되지 않는다. 오랫동안 유지되어온 "자연의 질서"가 인간이 '개입'하는 순간 파괴된다. 욕망의 끝은 어디인가.「칡」은 눈앞의 '이득'만을 추구하는 인간의 욕심을 차분하게 보여주고 있다.

남한산성 서문 사적 제57호
우익 문
수어장대 밑 굴문을 지나
세 갈래 길, 고로쇠나무
등산객들의 눈치를 살피고 있다

뼈에 이롭다는 골리수(骨利樹)
곰쓸개에 대롱을 박아 피를 빨더니
나무의 수액까지 빼먹는 인간의 식탐에
해마다 피가 마른다

봄이 오면
무릎이 시큰거리는 고로쇠나무
옆구리에 비닐호수를 꽂고
플라스틱 통에 떨어지는 제 피를
바라보고 서 있다

—「고로쇠나무」 전문

시인은 주변에서 생명의 질서를 찾아내고 고로쇠수액을 뽑아내는 객관적 현실과 부딪친다. 시인의 성향은 보편성 보다 개별성이 강하기 때문에 '나무의 피'는 "나무의 것"이라고 라고 '경고'한다. 보편적인 평화는 '수액'을 뽑아가는 폭력에 부딪치게 되고 결국 인간은 '자연파괴'라는 '재해'에 노출되어 있다. 고가高價의 '상어의 지느러미'와 '코뿔소의 코'를 얻기 위해 필요한 부위만 잘라내고 산 채로 버리는 잔인한 상술처럼 제철에 채취한 고로쇠수액도 매매로 이어진다. 「고로쇠나무」는 풍요가 넘치는 시대에도 곰쓸개까지 빨아먹는 식탐과 무엇으로도 채우지 못하는 결핍증을 앓는 사람들을 "냉정한 시각"으로 바라보고 있다. 그 '냉정함' 속에는 '각성'과 생명을 소중히 여기는 시인의 '측은지심'이 내포되어 있는 것이다.

양복 안주머니는 늘 어둡다
캄캄한 어둠 속에 작은 다세대 한 채

안방에는 신사임당 여사가 살고
윗방에는 세종대왕 님
사랑방에는 이이 선생님
문간방에는 이황 선생님
주인은 행랑채에 산다

맨 위층에 사는 신사임당 여사는
어디로 출타 중인지 연락이 없고
제일 아래층에 사는 이황 선생님만
혼자 빈방을 지키고 있다

누구 손을 거쳐 왔는지 매달 말일이면
잠깐 얼굴 비쳤다가 아무리 붙잡아도
어디로 가는지 지갑이 홀쭉하다

– 「지갑」 전문

근대산업사회의 경제구조는 '이윤' 을 창출하고 그 대가인 '돈' 은 권력을 가진다. 화폐가 나오기 이전에는 물건과 물건을 바꾸는 '물물교환이 성행하였다. 조가비, 짐승가죽, 옷감, 소금, 농산물 등이 가장 원시적인 방법으로 거래되었다. 요즈음은 금속이나 종이로 만든 '동전' 과 '지폐' 가 나와 소지하기에 편리해졌다. 산업혁명을 거쳐 이윤을 목적으로 상품생산이 이루어지고 노동력이 상품화된 자본주의가 발달하였다. 생계를 유지하는 수단이나 재산 축적으로 이용되는 돈은 액수만큼 막대한 힘을 가진다. 돈의 위력을 나타내는 속담 중에 "돈만 있으면 개도 멍첨지라"라고 했다. "개같이 벌어서 정승같이 산다"는 속담은 천한 일이라도 하면서 벌고 쓸 때는 떳떳하고 보람 있게 씀을 비유적으로 이르는 말이니 돈을 쓰는 일도 버는 일도 결코 쉬운 일은 아니다. 각 나라마다 지폐 속에는 왜 '위인' 들이 그려져 있을까? 그분들의 생애와 업적을 생각해보고 옳은 일에 쓰라는 암시일까? 아무튼 시인의 지갑에 머무는 '위인' 들 매달 말일이면 잠깐 얼굴 비쳤다가 어디론가 사라진다. 여러 위인들을 모시고 사는 다세대(지갑)는 금세 텅 비었다. 돌고 도는 유통구조로 타인의 손을 거쳐 온 돈이 또 누군가에게로 건너간다.「지갑」은 근근이 살아가는 서민들의 일상을 재치 있게 그린 작품이다. 소유할 수 없는, 내 것이 아닌 것들을 의지하며 살아가는 가난한 이웃의 모습들이 생생하다.

논현동 뒷골목
잠자던 가로등이 실눈을 뜨면

늘어선 카페들 기지개를 켠다

골목마다 바쁘게 문 여닫는 틈새로
장미넝쿨 줄줄이 뻗어 나간다

밤에 피는 장미들
미니스커트 갈아입고 꽃망울 터트리면
지하에 숨어있던 벌 나비 떼
이 골목 저 골목 자리싸움에
담장 밑 찢어진 날개 수북하다

해가 지면 취객들보다
먼저 비틀거리는 골목

논현동 밤 0시
어둠을 가르는 호루라기 소리
요란하게 날아간다
벌 나비 떼 혼비백산 흩어진다

동트는 새벽이 올 때까지
잠 못 드는 골목, 가로등이
이 골목 저 골목 순찰을 한다

– 「논현동 밤 0시」 전문

「논현동 밤 0시」는 세상이 묵인해 온 "위협적인 현실" 앞에 만연된 일상을 펼쳐놓는다. 취객의 주머니를 노리는 요염한 꽃들과 벌과 나비의 관계, "질서와 단속"은 '호루라기'로 압축되었다. 논현동 뒷골목에 초점을 맞춘 시인은 취객들과 호객행위와 꽃의 피를 빨아먹는 지하에 숨은 어둠을 끄집어낸다. 질서는 무너지고 폭력이 오갈 때 달려가던 호루라기 소리, 한때 경찰이었던 시인이 지나왔던 밤 0시의 풍경이다. 어둠이라는 배경 속에 사건은 은폐되고 이 골목 저 골목에서 피어나는 도시의 붉은 장미의 덩

굴만 무성하다. 벌 나비는 꽃도 찾아 날아들지만 아름다운 장미에게는 가시가 있다. 하지만 이것은 밤의 한 자락일 뿐, 어둠이라는 배경에 얼마나 많은 침묵이 살고 있을까. 밤 0시는 자정을 넘긴 시간, 어제를 보내고 첫발을 딛는 순간인데 그들에게 새날은 보이지 않는다. 쾌락을 향해 뻗어가는 환락가, 가시덩굴에 반복되는 불행이 갇혀있다. 시인은 끊을 수 없는 "불신의 고리"와 "가파른 삶"을 「논현동 밤 0시」를 통해 보여주고 있다. 하지만 법을 다루는 경직된 직업과 다르게 최창순 시인의 정서는 다분히 목가적牧歌的이다. 시인의 뿌리는 도시가 아닌 농촌에서 뻗어 나왔다. 농부였던 할아버지와 아버지, 그리고 '다대리 농장' 과 파뿌리 같은 이웃이 시 속에 들어있다. 할아버지의 손주 사랑을 표현한「면장 감」아버지의 일생이 담긴 「삽」에도 정직한 흙의 성품이 보인다. 남을 불쌍히 여기는 착한 마음을 이르는 '측은지심', 이미지가 선명하고 간결한 시편들이 역동적이다. 오염된 마음조차 걸러주는 "시의 필터"가 건강하고 싱싱하다. 늦깎이로 시작한 "시의 뿌리"는 더 깊이, 더 넓게 뻗어나가 차곡차곡 성실한 열매를 보여줄 것이다.

Choe Changsun

다시올시인선 015
아내와 그네

초판인쇄 | 2014년 3월 10일
초판발행 | 2014년 3월 15일

지은이 | 최창순

펴낸곳 | 도서출판 다시올
발행인 | 김영은
디자인 | 박지혜
펴낸곳 | 도서출판 다시올
등　록 | 2007년 10월 9일 [제 310-2007-00028]
주　소 | 서울노원구월계동 382-55
전　화 | 070-7431-5941, 031-836-5941
팩　스 | 031-855-5941
메　일 | maxim3515@naver.com

ISBN 978-89-94414-49-2 03810
값 9,000원